VERSOS
EN
MATICES

VERSOS EN MATICES

"Poemas en colores que transforman letras en sensaciones"

Por: María Aduke Alabi

Versos en Matices
"Poemas en colores que transforman letras en sensaciones"
Por: **Maria Aduke Alabi**

Segunda edición ampliada

Tapa Blanda ISBN. 979-8-9855858-4-1

Library of Congress Control Number:2022905846

Primera publicación 2012 @ Maris Antonia Alabi
ISBN 978-1-4-4771-1859-7

Fotografías interiores: by Maria Aduke Alabi

Para ordenar copias adicionales de este libro, contacte:

Quisqueyana Press
info@quisqueyanapress.com
www.quisqueyanapress.com

Indice de Contenido

Versos Rojos
(Erotismo)

Versos Amarillos
(Transformación)

Versos Violeta
(Espiritual)

Versos Verdes
(Inspiración)

Versos Azules
(Patrios)

Versos Negros
(Orígenes)

INTRODUCCION

Versos en Matices es una compilación de poemas, unidos por el concurso de su propia diversidad, los que debido a las diferentes tonalidades subscritas en la vida misma se plasman de forma que abarcan cada una de ellas, con un carácter propio, con estilo y con una cualidad peculiar y especial que se distingue por sus matices, los que transforman letras en sensaciones.

Esta colección de poemas colorativos es una luz que se descompone en rayos cada uno con un matiz diferente en vías de reflejar en otros, ya sea por armonía o contraste la combinación perfecta de sensaciones, música, pasiones, recuerdos y sentimientos.

Espero con cada verso producir una impresión en el sensorio individual del lector que sea desatada mediante la luz propia que se refleja como rayo rebosante de sensibilidades, dejar sentir la vibración emergente de sus ondas líricas y que estas envuelvan y seduzcan almas con sus cantares rítmicos o arrítmicos, que construyan en la imaginación con fiel apego los colores reflejados por su espectro.

DEDICATORIA

Esta colorida colección de versos la dedico de forma muy especial a mi colorida familia, la que con sus variadas tonalidades hacen de mi vida un arcoiris de pasiones y emociones. A mi amado esposo Duran Alabi y a nuestros queridos retoños Andy, Shalewa, Sunbo, Lekan, Mayowa y Dimeji. Agradesco mucho su paciencia, apoyo y comprensión.

Versos en Matices

Pinto de colores mis versos, en línea tejo las palabras

y formo un arcoíris rítmico con el gris de mis nostalgias,

el rosado de mis amores, el rojo de mis pasiones,

y el amarillo de la transformación.

Me rindo en el espiritual violeta en acción

con el verde de la fecunda inspiración,

el azul de mi amada nación

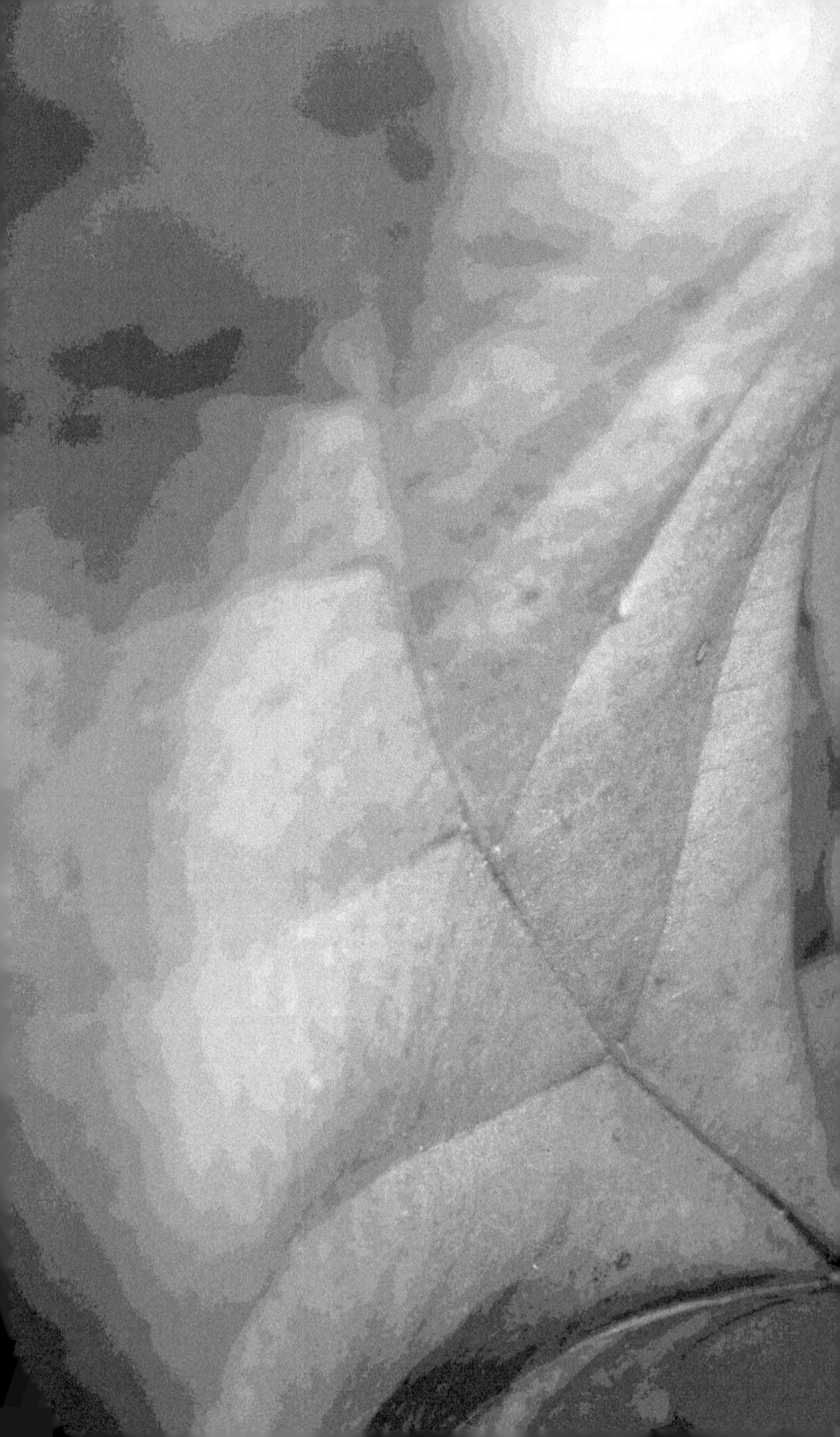

Versos Grises
(Nostalgia)

"El hecho de ser habitados por una nostalgia

incomprensible sería, al fin y al cabo, es el indicio de que

hay un más allá."

MUJER DE OTOÑOS

Mujer de otoños cansada de despertares.
Habitante solitaria en el rincón de la utopía,
donde el aire extasiado pesa
y el agua salobre enjuga lágrimas.

Regidora inmortal de un diálogo negro,
que cantando vive muriendo
en el staccato de unas notas sin rima
embebida en la brillantez de su diadema.

Mujer gris de alma sumergida
en la melaza insípida de sentimientos
que trasciende incólume los brazos del tiempo
y cruza consiente el valle de difuntos,
en el más allá del sufrimiento.

Caricia subatómica de alegría cuántica,
que rustica y tosca llega rasgando

y coloca por vez primera

sobre su pelo de blanca seda

el velo gris de su última gracia.

CAUTIVO

Cuchillada de rosa penetrante,
aguzado puñal que verdugo
sosiega los rayos del contorno astral de su mirada.
Compañero del viento que quema la nieve sofocada,
que construye el tiempo sobre el aire extasiado de las paredes.

Cortante su brillantes,
como hierro reflejado por un relámpago
que sin querer pestañea sobre el.
Como candil que socava su blancura
en las paredes de los sueños de la vida.

Levanta su cubierta, y vuela por los aires
como nubes consagradas a la libertad.

Fabrica un mundo sobre la vida misma,
pisa troncos sin hendirlos,

desata sueños sin romperlos,

espanta una ráfaga que arrastra.

Consternados sus pasos.

Consteladas sus noches. Silenciosas.

Marinero de sueños rotos, construidos nuevamente

por unas manos, manos tibias de ternura escondida.

transformadora de tormento,

trepadora de mentiras

enlazadas por la falta de dulzura ausente

esa que se esconde allí,

en algún recóndito lugar de su alma.

VIDA

Eres prostituta que enamora,
que abarca sutilmente todo lugar que ocupa espacio.
Seduciendo, violando.

Invitas a ver la luz
con tu poder de gran alcurnia
y tu peculiar acento de voces encarnadas
que pronuncias con tu lengua como látigo
y pesadas letras de concreto.
palabras vestidas de música
con experiencias de mundos.

Hablas y dices pestes grises y rojas
que dañan, que ensucian y pudren
que luego hacen romper el huevo,
hacen nido y te enseñan a volar.

Hablas,

con corrosivo aliento y quemante saliva.

Con voz de querubín cansado.

Te haces Hércules y anciano.

Mariposa, quimera, camino,

calendario, historia, verbena.

Eres prostituta,

la que en la esquina espera bajo la luna

con las llaves en las manos

con las que abres pechos.

Con todos fornicas y juegas a la baraja.

Despides de tu casa a aquel que antes llamaste.

Tienes un libro en tu lecho,

otro bajo el brazo siempre nuevo

y un calendario erótico como diploma.

Eres Caribe, eres espía, eres incesto.

A los de pecho de oro

das tus mejores momentos,

a los demás no los recuerdas.

Pero el sino del mundo no perdona

y así como llegas te marchas,

por ello andas con sonrisa salada

y pecho hueco,

con pies desnudos

y húmedos vestidos enlutados.

Pues no eres más que eso vida vivida,

eres prostituta.

ZOMBIS

Jinetes que van al galope
sobre carmesís escalinatas
en ascenso vertical hacia la cresta
o deambulando en el laberinto de la nada.

Tienen, por eso viven,
una caricia horizontal en su mirada.

Como hormigas de plomo sus pisadas
soldados de blancas sedas,
con miedos de barro y cera
que curten con gotas de hiedras.

Quieren, por eso viven,
Respirar el aliento de la flor en las higueras.

Cuando se esconde el sol
con la fugaz estrella hablan
y pasan como la lluvia,
como la lluvia pasan.

Lloran, por eso viven,
Con una interrogante desgastada.

Globo solar, tierra de muertos
que nacen para ver el sol
a través del invierno.
Quejas rechinando entre lamentos.

Mueren, por eso viven,
Zombi en tierra de muertos.

CITA CON LA MUERTE

Porque la hoja seca
es manejada por la brisa
y termina podrida en el fango.

Porque el fuego que arde y arde
hace derretir la vela
y la luz que de ella escapa
aunque ilumina y abarca
al alumbrar la mañana
el sol entonces la opaca.

El campanario nupcial
hace cita con la muerte.

Porque la lluvia infausta
moja el verde pastizal
que muere siendo pantano.

Porque las aves en el cielo
levantan vuelo sin puerto y sin tiempo.
Porque la noche llega
queriendo el sol ser día.

El campanario nupcial
hace cita con la muerte.

Porque las humanas almas
aman sin que a ellos nadie lo pida.
Porque cuando deben olvidar no olvidan.

En su retocar fúnebre
trae las notas de esperanza
de que en velorio su olvido
puede destejer las redes
y tener su libertad.

Porque el olvido lo mata.

Porque recordando muere.

El campanario nupcial

hace cita con la muerte.

BATALLA

El corrosivo orgullo ahoga los sentimientos
de dos que amándose se aniquilan.
Liberando sin piedad sus lenguas;
haciendo entrada a un festín
donde la barbaridad y el odio
son invitados de honor.

Versos negros vomitan.
Limpiando dentro y aliviando,
ensuciando todo a su circunferencia
y preñando de dolor.

Por una venganza fúnebre,
por el ganar la batalla de una guerra ya perdida
con un triunfo alucinante
de una gran pelea sin norte.
que tiene dos contrincantes,

que tiene dos perdedores
dos amantes con el amor escondido.

Y es que el amor duele y lucha
en una guerra que surge equivocada,
en la que cada golpe propiciado
termina doliéndole a uno mismo.
Puñaladas que salen y clavan.
Puñaladas que entran y duelen.
Palabras de pólvora con salpiques de fuego,
saliendo sin pañuelos de dos babeantes bocas;
llenas de un tibio desaliento y una desierta tristeza
que convergen en un desacuerdo compartido
de curtida incomprensión.

Por la curtida incomprensión
lo derraman todo, lo real y lo irreal,
aquello que aun en los aires vuela,
lo que sin pensar se piensa,

lo que hiere y envenena.

Lo derraman todo.

Lo desnudan todo, lo olvidado, lo pasado,

el presente incomprendido,

lo futuro no obtenido,

lo tenido y no deseado.

Y allí lo dejan, tirado a sus espaldas,

junto al amor marchito y la esperanza desierta,

una desilusión a cuestas y la alegría escarchada.

En un vacio rincón lleno de silencio

sin volver la vista atrás y con tétrico perfil,

se añora lo antes tenido,

se teme el haber perdido,

Y temblorosos de soledad

con rotos pechos y sueños desgarrados

cansados de odios y disparos

se quiere limpiar lo antes derramado

tomar las palabras dichas

y esconderlas en su hangar.

Pero el orgullo es bastante,

y el amor no es suficiente.

Los dos se quedan de espaldas

con las mejillas mojadas

la frente en alto

y un corazón desangrante

sostenido entre sus manos.

VERSOS ROSADOS
(Amor)

"El loco este... mi corazón,

se dejó preñar de sentimiento con tan solo una mirada,

enajenando mi vida, prendiendo mi pecho en llamas,

enloqueciendo de hambre por tan solo ver su cara."

TERNURA

Quedo sumisa, rendida

como una tímida violeta que su perfume han hurtado.

Su mano dócil en mi entorno toda mi piel ha cultivado.

Floreciendo ya mi alma, esperando él a mi lado.

Prende una llamarada la chispa que de él difunde.

Espanta de mi corazón nómada la timidez tranquila,

la que esparcía el rocío por los jardines del día

y hacia hervir las olas con su raudo pasar.

Torbellinos en las lomas ahora he de causar.

Desnudo mi corazón, desnudez que ha de abrigar

con el destello de la aurora que en su boca ha de mimar.

ERES

Luz que alumbra mis días.

Dador de gracia divina.

Precursor de mi vida.

Conocedor de mis ansias.

Idolatra de mi candor.

Cultivador de inquietudes.

Cimero de mis deseos.

Protagonista de mis sueños.

Conquistador de la distancia de mis ojos.

Verdugo que porta un beso como espada.

Ladrón de la copa mustia de mi vida.

Fuente que fresca baja de la sierra.

Amor que abarca todo, mente, alma, cuerpo.

Cielo en llovizna.

CADA VEZ

Tengo hambre de ti, no la contengo.
Tengo miedo sentir lo que ya siento.
Quiero ser para ti, lo que ella fue aquella vez
y que tú puedas sentir lo que es amor, cada vez...

Cada vez que al mirarme fijas tus ojos en los míos
cada vez que a tu lado siento un gran escalofrió,
cuando al hablar
mis palabras se enredan en tu estío
como canciones fugases que rebosan temerosas
por los peldaños de la vida, siguiendo sigilosa,
tus pasos por la vera.

QUIERO TENERTE

Quiero tenerte mío
entre llantos y risas,
entre ruido y espanto,
entre blancas sonrisas.

Solo mío,
no como el mar de todos
que baña todo, con prisa todo.
No como el cielo blando
tan de todos como el mar.

Quiero tenerte,
nómada escurridizo en mis manos,
no como esclavo
encadenado a mi cuerpo,
si no como gaviota
enamorada de mi alma

que vuela lejos y vuelve

que se va alto y baja

pues no puede abandonar

el mar de su alma

lo inmenso de su mundo.

TU Y YO

Tú amanecerás un día
y unirás sueño y realidad
con el cordón umbilical de la existencia.

Yo amaneceré otro día
y condensare alma y cuerpo
en convivencia democrática.

Sueño y alma juntos bajo el cielo
tejiendo a la par el manto
que los protegerá del mundo.

Tal vez algún día amanezca
y estemos dispuestos a pagar el precio
que impone Alma
que impone Sueños
Y entonces... Amor eterno,

y entonces... Pasiones torrenciales,

condensadores de esencias.

Y entonces...

Sueño y alma, unidos eternamente.

FUEGO DE AMOR

Loco rumor chispeante
hace erupción en mí,
y desnuda el gemido
de mi poniente sentir.

Desconoce las fronteras.
Me conduce a las laderas.
Embruja lo que respiro.
Mar que baña.
Sol que quema.

Cosechador de entrañas.
Fecundador de almas.
Padre dador de vida.
Fuego que talla.
Amor que aviva.

SED INSACIABLE

Sed insaciable. Devoradora de quietud.
Carencia feral que alborota mi latir.
Desviado pensar que azota sin quietud
mi espíritu errante de grandiosa virtud.

Llama que quema mi ser, esa que brota de ti,
que condena mi placer a ese mi eterno sentir.

Por atajos va mi alma
para alcanzar la gran dicha,
que en la cima de la aurora
me espera con blanca risa.

Dicha que encuentro en ti,
vida de mi vivir
complacencia que comparto
con el léxico sentir.

EPISTOLA A MI ALMA

Tú, alma… dulce y transparente como ampo,
que anidas divina en el altar de mi pecho
rociada por la bendita agua de mi santo.

Te trepaste con premura a la altura de mi techo.
Te escondiste sin retardo en el desván de mi zapato,
Ocultándote entre las blancas sabanas del lecho.

Alguien te busca perdida, nuevamente es Erato,
y está parada, aguardando en el portón de tu guarida
en espera de que salgas sin temor de tu regazo.

Qué esperas tú, recluida, indecisa y embebida,
¿No gozas del placer y el bienestar de ser amada?
¿Estás por el vaivén de olas del tiempo dormida?

Sé que evitas con premura nuevamente ser carnada
de algún mendigo ser sediento y de amor hambriento,
porque una vez te entregaste y sufriste desangrada.

Y yo puedo entender sin esfuerzo tu miedo atento
a negros buitres cazadores, seductores y ermitaños,
Ya que a galope y sin trinquete el dolor aun sigue dentro.

Pero el amor, aunque duele, no siempre te hace daño,
a veces es paraíso que se hace luz, se hace llovizna,
que tibiamente moja en complacencia limpiando peldaños.

¿Amas tú al invierno hermosa flor de brizna?
pregunte a un tulipán que en su maceta yacía,
y contesto: "con toda la clorofila que me tizna".

Enaltece con confianzas suspiros hambrientos alma mía,
se como el tulipán que ama aun sin esperar nada
y disfruta sin rencores del placer de ser bohemia.

Deletrea en mis versos, con tu lupa, el crucigrama
que te invita a pisotear la menudencia de tus miedos,
y entrégate por sentir y sin pensar a lo que amas.
Sé como el atabal en plena fiesta de torpedos.
Sé como el vendaval que imponente no le teme a nada.
Sé, pero duerme la razón, y así se mantiene en quedo.

Alma mía, insegura. Amiga fiel desvirginada.
Devoradora grisácea de sapientes nuevas ilusiones,
no hagas de mi solitaria vida tu fiel esclava.

Cordillera divina repleta de encarceladas pasiones,
donde disfrazas latidos que bullen, y te encierras,
mientras el tiempo me arrastra poco a poco en sus calzones.

No sigas allí sentada entre cojines comiendo hiedras,
y en añoranzas quiméricas, arañándote a piel la espalda.
Libera a mí latir profundo y déjalo pelear la guerra.

¿Crucificarás el amor de infante que por mi aguarda?
¿Apagaras inconsciente la estrella de mis pasiones?
El amor se morirá en un desprecio que desangra.

Deja que el amor me someta libremente a sus tensiones,
me complete y me subleve hasta la cima de tu andamio,
me seduzca arrodillada, me arrebate y me aprisione.
Permite que el amor anide nocturno en mi pecho agrio,
sepultando así las muertas cenizas con las badernas,
y quemándome de nuevo en el fuego de su abolorio.

Deja al amor vivir en la bendita monada de mis piernas;
déjalo repicar de nuevo con el latir sagrado de tambores,
y sembrar la semilla en el cielo de tus cavernas.

Oh, alma mía, fugitiva, despiadada asesina de amores,
quisiera sentir que mi corazón aun vive para amar,
que aun no lo has matado cruelmente con tus dolores.

Deja al amor ser, en una profundidad infinita de mar
que ahogue mi razón, empape sentimientos y armonice;
y apresurada enseñe a mis inquietos pensamientos a nadar.

Para que tú, mi alma, adversaria aliada escurridiza,
te abras cual gigantesco cóndor en alto vuelo,
y veas por vez primera un cielo de luz que hechiza.

Autorízame, ¡Oh alma! a saborear el pétreo suelo,
aquel en el que rompen las cabezas los aventureros,
siempre hambrientos, pero sin levantar blanco el pañuelo.
Hasta que el amor logre desproveerte los miedos,
con caricias blanqueadoras de besos ensalzados
por tibias caricias oriundas de amores legos.

Hasta que sedienta anheles, lo que en ti se ha secado,
lo que en el jardín del mundo es verde y florido,
aquello a lo que por miedos has renunciado.

Llamo al amor desde temprano, no ha respondido,
y es que con tu sazón has hecho infértil mi huerto,
aunque aún en el reflejo de tu altar sigua encendido.

Deja que esa tenue luz apague también tu desacierto,
y descifre el anagrama en las letras de mis deseos,
los que te enjaulan presa por tus temores yertos.

Pero tú, alma, aun iluminada por nómadas relampagueos,
lograrás arrancar de ti las viejas costras de heno,
y con lágrimas y risas harás volar tus trineos.

Y entonces libres seremos, sin prensa, sin quedo
tú y yo alma, livianas cual evaporado hielo.
Estaremos listas, listas para amar de nuevo.

HUELLAS

Casi todo su perfume impregnado en mi vestido
como orégano adunado con un toque de verduras.

Marcado en todo mi cuerpo esta su mano que insensata,
Con un fuego incontenible incendio mi tierra santa.

El calor que aun me tibia aquí esta, aun en mi piel
esperando su retorno para volverse a encender.

Entre las paredes blancas de mi cuarto aun fecundo,
esta su nombre enmarcado como lapida en augurio.

Grabado en mi alma sedienta esta su rostro aun fresco,
anunciando al corazón, que regresaran sus besos.

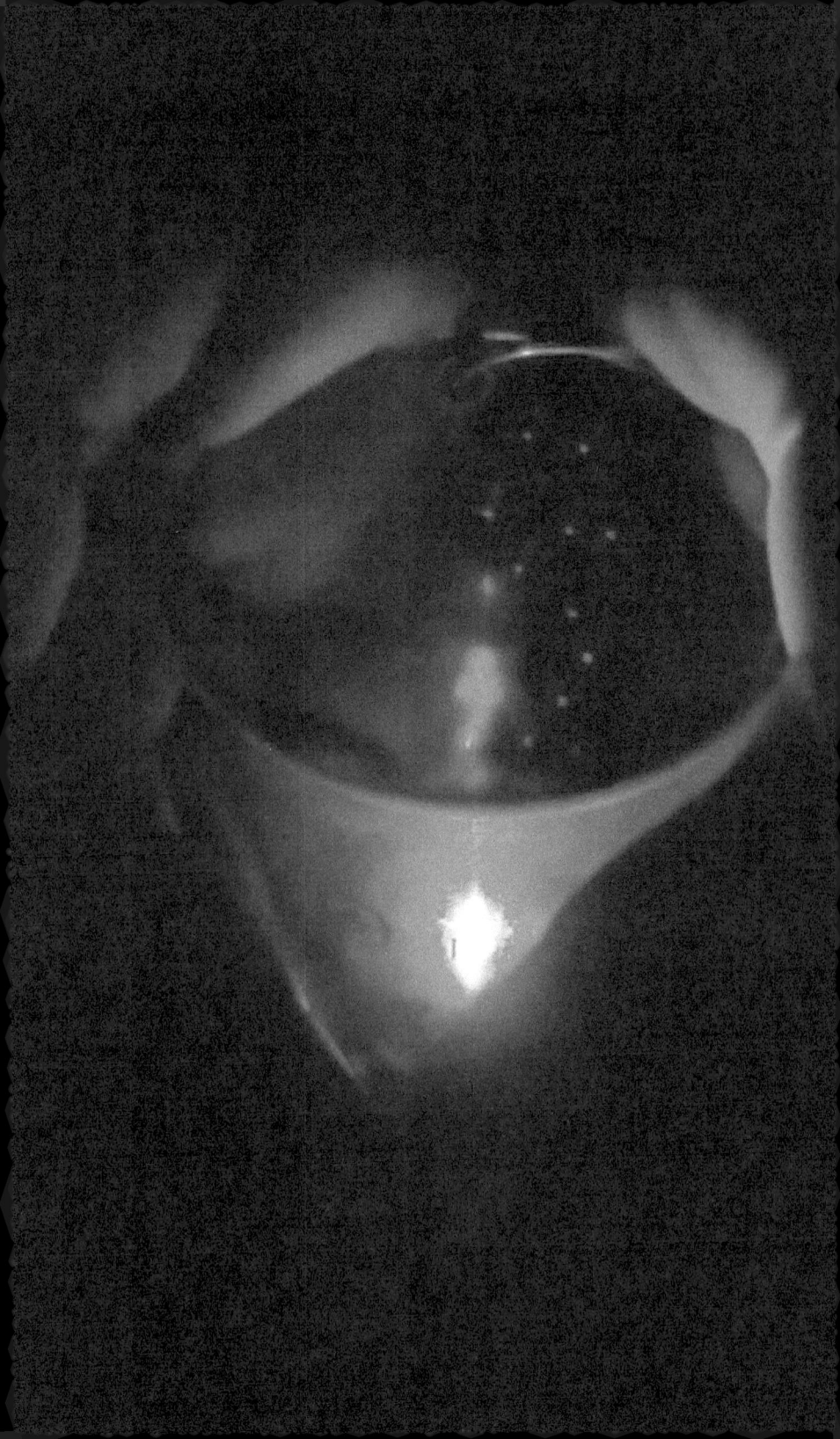

VERSOS ROJOS

(Erotismo)

"Una mujer está sola, entretejiendo sueños, besando

añoranzas, abrazando quereres, sumergida en placeres

tendidos en la recamara."

LA MONTAÑA

Escalamos la montaña a reducidos pasos
entre roces y besos, besos y roces.
Con un sabor salado afrodisiaco
invadiendo cada uno de los sentidos
y el crispante roce que disloca.

Ya entre ojos y miradas
comienza la invasión interna,
el invitado hace presencia en la sala,
en competencia rítmica de movimientos.

Se confunde el grito y el gemido.
Se cofunde el temblor con los latidos,
mientras seguimos en ascenso a la montaña.

Recto caballero inquietante.
Quebrantador de paz. Invasor de privacidad,

que deja a flote mi descubierta intimidad;
y provoca en mí los síntomas de enfermedad.

Entonces el sincope,
sube la presión sanguínea,
se sofoca mi torso,
me falta la respiración,
se contraen mis ligamentos.
Escalofríos, sacudidas.

Ahora la palabra es gemida,
el gemido es grito.
Muero suicida en manos de un asesino.

Llegamos al encuentro con el misticismo
a la cresta que alcanzamos paso a paso.
El Terremoto. Tormenta calada y ruidosa.

Montaña que se transformó en feroz volcán.
Lava ardiente en erupción que se desborda,
escurriendo chorro a chorro, gota a gota
la esencia divina que culmina la escalada.

Y rendidos, tirados, embebidos y embriagados
bajamos la montaña en un leve descenso,
recuperando calma, recuperando aliento,
disfrutando, saboreando el descendimiento,
luego una sonrisa, un abrazo húmedo y un beso
y estamos listos para escalar de nuevo.

RECUERDO LUNAS

Recuerdo noches de ternura, de pasión, de locura.

Noches en que entro a mi tierra
el vagabundo sin rumbo,
partiendo con la mañana
a la montaña al desnudo.

Recuerdo lunas de ternura, de pasión, de locura.

Las ciudades se secan
como piel de alimaña
y mi piel se humedece
con su roce de cierzo.

Recuerdo lunas de ternura, de pasión, de locura.

Trenzamos nuestros alientos
con los súbitos vaivenes
que acompasados al viento
hacen renacer laureles.

Recuerdo lunas de ternura, de pasión, de locura.

Entre los luceros blancos
en negras noches nos unimos
y quemado en la fogata
que en nuestras carnes ha ardido.

Recuerdo lunas de ternura, de pasión, de locura.

Fue la serpiente, fue la manzana
O el creador de los dos
Quien hizo de mi la hambrienta,
la caníbal de varones que hoy soy.

Recuerdo lunas de ternura, de pasión, de locura.

Víctima del sentir

Que con varonil ademan me invita

Cada noche a observar mi soledad partir

En la blancura de sabanas benditas.

Recuerdo noches de ternura, de pasión, de locura.

LLUVIA

Nublándose esta, ¡Oh, cielo!
y nuestras nubes se acrecientan de deseo
compartiendo palmo a palmo, los roces más feroces.
Cargando ansias, estos, nuestros cúmulos grises
que aun a punto de explotar tienen sed.

Ha relampagueado
y como verso reluciente penetra en mí,
estallando mi rostro,
centelleando mi vientre,
depurando mi cuerpo,
y haciéndolo chispear con cada descarga.

Choque de emociones.
Aleación de energías.
En busca del feliz advenimiento.

¡Que estruendo! ha tronado.

Nuestro sentir se hace ruido.

Mientras se hace sordo el silencio ante nosotros.

Arribamos al puerto

en busca de ambulantes pechos

que amamantan la tierra

y la preparan para ser cultivada.

Emocionado nuestro cielo,

se ha desahogado ante nosotros,

con un tibio orvallo

calmante y refrescante.

Gotas profundas de mar ya sereno

que empapan nuestra tierra,

mientras las nubes que sobrecargadas estaban de deseos,

después de un excitativo instante de ajetreos

ya desahogadas y escurridas toman un recreo.

CUERPO VIRGEN

Aún no experimento hacer el fuego
con el roce de otro cuerpo.
Aún mis manos no palpan otros terrenos
y se limitan a recorrer tierra propia,
entre ilusiones quiméricas basadas en sueños
y lluvias a raudales.

Ansiedad interna,
que es leña en la fogata de un deseo restringido,
que despierta el espíritu ardiente
que novato aun permanece dormido.

Aun no experimento un pálpito que haga tambor mi pecho,
Aroma y belleza, solo eso conozco de las rosas,
ya que en mis carnes no he sentido aun sus espinas.
Conocí la oruga cuando ya era mariposa.

Conoceré el pecado original y hare pecadora.

Ser Eva en el paraíso y devorare la prohibida.

Caminare por los caminos encharcados y tibios de la embriaguez.

Dejare el suelo seguro y me aventurare a las alturas.

Expresare sin limitaciones la explosión de mis latires.

Hare fecundo mi cuerpo en manos ajenas.

Quiero ser la obra del artista

y sentir las pinceladas tendida sobre el lienzo.

Saber mi cuerpo rociado por vestigios de sudor

emergentes del éxtasis.

Sentir sobre mí el cabalgar desbocado y sin tropel del deseo.

Quiero sentir la lluvia furiosa caer entre mi cuerpo.

presentir el avance del deseo en mis entrañas.

Saber que mi óvulo puede ser fecundado

y que como ave podré poner el huevo.

Pero necesito el guerrero que quiera cabalgar en mi batalla,

alguien que con su espada derrote al gran dragón

y me saque sin demora de la torre que me apresa.

Necesito a aquel que con un beso

deshaga el hechizo de la roja manzana

quien me saque del encantado sueño en que aún me

encuentro.

Donde esta ese que será galardonado con mi alma,

ese que llevara un himen de corona

y como premio un cuerpo virgen.

TAL VEZ ALGUN DIA

Tal vez, algún día,
cuando el sol decida dormir en mis sueños,
tendré como cuna unos brazos en mi arrullo.

Tal vez ese día,
se apagará en mi rostro la luz de la ignorancia
y un marinero hambriento tomará el timón de mi barca,
y cómo brisa furiosa acarralara mis velas.

Ese día anhelado
será mi entera entrega
entrega de alma, entrega de cuerpo
con la inocencia abierta,
decorada por salinos caracoles y rojos cerezos,
en intercambio mutuo.
Una tallada promesa carnal.

Tal vez algún día

cuando anochezca,

haré una infinita promesa al viento,

y será el amanecer de un canto muerto,

y será el renacer de mi voz muda,

será la embriaguez de esta alma en pena,

y seré con júbilo, la mujer, ya no la virgen.

...tal vez... algún día.

ANSIAS PEREGRINAS

Se coligan los besos
en la persecución de ansias peregrinas.

Se despide la calma,
e inicia la revolución numérica
donde el par se vuelve unidad.
Se abren las puertas al cielo.
Se cierran las cortinas al mundo,
en un nido de sueños que conforta.

Se coligan dos almas
en la persecución de ansias peregrinas.

Lecho tibio de fuego sestero y cenizas,
que curva los valles y alinea las crestas
por las que intangible corretea Erato,
pronunciando nuestros nombres sin cesar

63

con asfixiante expectativa de amores,
y dibujando en su blanco faz una sonrisa roja.

Se coligan dos cuerpos
en la persecución de ansias peregrinas.

Revuelto mar de caricias.
Gigantesco torbellino de pasiones
que hace hervir las aguas de los ríos,
que desata el grito y el gemido,
hasta que… cesa la tormenta,
baja la marea y termina la quimera.

Se coligan los versos
en la persecución de ansias peregrinas.

Entonces, la unidad se agrieta y se rompe.
-Así como el alfa el omega-,
dos mitades polares e incompletas

regresan al valle tumultuoso y atisbado
de caminantes confusos y extraviados
en la persecución de ansias peregrinas.

LA LUZ

Fue ayer que vi la luz
la que me alumbrara en la oscuridad impertinente,
la que me hará sentir el calor extasiado
de los rincones del mundo.

Creo haber visto los ojos de Adonis,
ojos vivaces, grandes y centelleantes,
calmantes y sosegados.
Quemantes incitadores.
Y su boca…
hecha de carnes coloradas,
sabrosas carnes ansiosas,
con el exquisito color del durazno.

Ya conocí a ese de piel morena salada.
Electrizante compañero.
De manos grandes y rudas,

arrolladoras de valles,

trepadoras de crestas,

domadoras de tigresas.

Que al perderse entre mis piernas

Sabrá liberarme del yugo.

Ya conocí a ese,

aquel que por primera vez

tomará con sus manos mi derriére

y en vaivenes de pasiones chispeantes

me llevará a conocer el infierno.

Luego la gloria

Hoy mis sueños son más húmedos que ayer

revoltosos sueños, que se revuelcan y se ensalzan.

Gracias a aquel que hará recuerdos...

De rojas pasiones en una noche de aquelarre.

INTIMIDAD

En nuestro nido posados
liberamos nuestras almas,
nuestras mentes,
nuestros cuerpos
en nuestro amorfo desván.
El como mar, yo como río
desembocando en un tropel
donde la pasión y el sexo
nos hacen un solo ser.

LLAMA INMORTAL

Llama inmortal que despierta mi ansia,
caricia inmensurable carente de hipocresía.
Es tu candor, que como candil alumbra,
la oscuridad en el abismo de mi vida.

Llama inmortal. Codiciosa.
Transparente como ampo en lo nocturno de una noche;
desaparece la oscuridad los relojes del tiempo
y los sumerge en el abismo,
en el consciente abismo de la apariencia.

Conservas tus virtudes, que como lastre posees,
La experiencia te ha premiado con tu saber.

Incoherentes somos ante la vida menguante,
ocultando las delicias que entre nosotros yace.

VERSOS AMARILLOS

(Transformación)

"Fue océano cálido en tormenta,

era brisa tierna en tornado,

hoy es ruido en melodía tierna

y tinieblas en un día claro.

SI TE DIJERA

Quizas si te dijera que ya no quiero más,
que voló la codorniz que hábito mi morada;
el mismo que fue forjado por el fuego de tus manos.

¿Y si te dijera,
que aquella leña que en mi hoguera ardía
se cansó de arder, se agotó su chispa
 y sus cenizas el viento levanto?

Quizás, si te dijera, que ya no quiero más,
que ahora el cristal es diamante
y la luciérnaga es estrella,
la incredulidad miedosa abatiría tus días.

Entonces yo,
como diamante que nada lo atraviesa
Entonces… yo,

como la estrella que brilla y nadie alcanza;
seria yo, Diosa de mi vida, seria…
…solo mujer, la codiciada.

Sin tardo buscarías en el mar el coral perdido.
Seria tu corazón una pieza de papel latente,
sensible y miedoso de que el fuego lo roce
y el agua lo toque.

Quizás si te dijera que ya no quiero más
que hoy tengo libertad de vida, -contractual-
que tengo libertad de alma, -espiritual-.
Horizonte, cielo, océano, viento, libertad.
Entonces se que el resto de tu vida seria lunar,
porque el sol estaría en mi estancia.

EPISTOLA A UN NUEVO YO

A ti con mi pecho abierto
te canto con voz de pluma,
que acariciando la luna
compensas mi sufrimiento.

Porque soy el perro hambriento
que descosecha en su huerto
con su llanto el despecho
de no poder comenzar.

Y saciar ya sin tardar
el hambre que con premura
pone en juego su captura
que en la muerte ha de asechar.

A ti, hoy que sin juzgar
lo que con mi vida he hecho,

74

te entrego entero mi aliento
y mi vida sin tardar.

Pues sin tardar me llevaste
con prisa a tu buen refugio,
tu lecho que por augurio
me acogió como emigrante.

A ti renovado yo
que con delicias me esperas,
con entreabiertas caricias
y una lagrima en el mar.

Por ti, mi nuevo latir
acepto mi nuevo ser,
que es el nuevo renacer
de aquel mi nuevo vivir.

MI PRESENTE

Hoy mis manos violan la blancura de las nubes,
una boca y un credo,
y han de salir en busca del paraíso soñado
que vive aun en mis sueños.

Hoy mi ideal pellizca la vida
buscando una realidad que se difusa en el crepúsculo
y que se acerca a mí con firmes pasos.

Sea realidad o sea quimera,
hace correr el agua estancada
del manantial de mis esperas.

Acaricio con pasión la espada.
La espada de mi victoria
o la de mi segunda muerte.

Me lanzo a la lucha sin tregua,
teniendo un buen contrincante.

Cambio mi rumbo, cambio mis vestidos.
Condeno la rutina al olvido.

II

Abrigo la esperanza con la piel de un pasado
que dejo desnudo en invierno,
por la alegría sin tiempo;
por esa soledad
que esperaba paciente su transformación.

El presente me toma desarmada de mis debilidades,
me arrulla entre carmines y polvo de estrellas,
cega mis ojos al pasado
y hace de mi ayer un bello recuerdo.

MI VIDA HA FLORECIDO EN OTOÑO

Ávida de amor cante a la vida
y ella respondió a mi canto;
con melodía tierna
con comprensión infinita.
El amor a mí ha llegado.

Rebosan risas de la antes aletargada.
Un tambor en atabal toca en mi pecho
y en el pasto bullente
entre hojas secas y arboles desnudos
esta mi vida siendo fecundada.

Brillantes luceros anegan mi alma
que triste y sola era desierto
y ahora mi canto trajo el orvallo
que hizo fecundo mi suelo pétreo.

Faisanes, Mirlos y Tordos
cantan hoy la sagrada melodía,
esa que hizo secar la lagrima
que hacía de un llanto mi vida.

Dijo adiós la penumbra que era mi compañía.
Nació un nuevo sol en mis días,
y mi vida, mi vida ha florecido en otoño.

APOCALIPSIS

Se apagaron las estrellas.

Todo se hizo sombras.

Se perdió la luna en su andar.

Poetas y enamorados perdieron su musa.

Tomó descanso la brisa.

Se sofocó el gran roble

que hoy yace en tierra muerto.

Se seco el agua de los mares.

Y de sed murió el pez

que alimentaba al hambriento.

Se cayó el cielo,

rompiendo las cabezas de hombres tercos.

Entro el sol a la tierra

haciendo en ella el infierno.

Se juntaron cielo y mar
mojando las alas de los ángeles.

Vino la luz a mis ojos
y se apagó la quimera
dejando al engaño al desnudo.
Se apago la sonrisa y la esperanza.

Dos divididos por uno igual a tres solitarios.
que sepultan el amor en vida.
Cuento de hadas sin final feliz.
El apocalipsis. El omega.

¿QUIEN ERES TU?

Quien será aquel que tiene ya cabellos blancos
que fue y que no será jamás el dueño de mis manos.
que me tomo infanta y con premura y prisa
dio madurez a mis besos.

Quien será aquel, que conjugo mi verbo,
quien olvido el presente y reprobó el futuro,
quien limito mis manos a su entorno.

No eres tú aquel que alguna vez
tubo mi pelo en su cuerpo enredado
y perfumo con especias mi genero
que aun por los retoños del mar estaba salado.

¿Quién eres?, que disfrazado estabas
de blanco ángel inmaculado,
dejando pisadas negras sobre mi virgen arado.

Eres tú, si, eres aquel

que dejo a la intemperie su jardín florecido

que el tiempo convirtió en peligrosa cizaña.

NO SOY YO

No soy yo... no aquella infanta
que jugaba entre cojines ser amada
que bajo el velo lunar un poema recitaba
con versos de luces y sueños de estrellas.

No soy yo... no soy esa
que probaba en unos labios
la manzana que invita a la vida.

Aquella vivió una promesa que yo jamás viviría
Ella sonreía por quimeras que destellaban en su mente
Ilusa, cabalgando sobre sueños,
hoy con olor a escombros, a moho y a arcilla.

No soy yo,
ya que la inocente amó sin razones,
ya que su sentir la hizo eterna e imborrable.

No soy yo

yo soy otra que no espera.

La pausada, la intermitente.

Loba hambrienta que maúlla un poema

que canta al desengaño.

Sublime pescadora

que en medio del océano busca la orilla.

Ese soy yo,

la cierva que corrió del verdugo.

La carne que antes lloraba,

el alma desnuda que hoy viste vicuña.

La pequeña llama en bosque invernal.

Soy yo, la gota que hoy rueda en tu mejilla

la nota acústica que quieres escuchar

mientras deprisa se la lleva el aire,

sin tiempo, sin rumbo, con vida.

VERSOS PURPURA

(Espiritual)

"Sumergidos estamos en la oscuridad de la inconciencia,

buscando con ojos abiertos lo que solo en el interior se

encuentra"

HOMBRE

Oh ser mortal, eres hombre,
masa atómica hecha materia.
Eres el pestañeo que cesa,
el relámpago que alumbra,
destella y deslumbra
y luego grita al morir.

La estrella que fugaz se asoma y pasa.
La nube que colecta se hacina y se ahíta
y luego como lluvia se atomiza.

Pero eres hombre,
consanguíneo del Todo que lo es todo.
Imagen de uno que es el Uno.
Poderoso en su mundo.
Luminoso en su cielo.
Por naturaleza majestuoso.
Hombre eres hombre,

podéis ir de compras por la experiencia,

y elegir con la inteligencia que de tus bolsillos derrama.

Un ser de luz perenne eres hombre,

por el derecho inherentemente concebido

de una causa congénitamente inmerecida.

¿QUIEN ES ESA?

¿Quién es esa, parada frente a mi,
azorada y sumergida en mi mirada?
Sombra de mi sombra, reflejo de mi existir.
El yo que conozco.

Parte hecha de carne
que pasa a ser comida de gusanos.
Pieza atómica ordenada
que en átomos se deforma.

¿Quién es esa que ven mis ojos
de pie frente a mis pies, en el espejo?
La que tiene nombre y apellido.
El yo encarnado representado por el ego.
Porción ínfima de mi infinita existencia.
Energía ordenada con forma y función.
Muestra de vida fundada por un aliento.

Consecuencia del amor por el sexo fecundado.
La combinación perfecta de genes entrelazados.
El esperma que alcanzo al ovulo, el milagro.
La representación, lo finito, lo limitado.

¿Quién es esa, la que dentro habita?
la que solo puedo ver con los ojos cerrados,
la que al principio solo habla. Ruidosa.
Resonante. Taumaturga. Esparcida. Minúscula.
Y cuando calla:
Gloriosa. Universal. Inteligible. Majestuosa.

Ese es mi Yo, el infinito.
Silencioso habitante hecho de materia negra
Realidad existencial que sin partículas es forma,
y sin forma es el ser mismo.
Inmaterial, perenne, absoluto, sin dualismo.
Realidad existencial que sin ser materia pesa,
como el universo mismo.

¿Quién es esa?, la interna, la intima;
sin color, sin forma ni formula,
invisible e impalpable.

Es la esencia, el soplo que vivifica.
Energía que en mí no es mía.
Una chispa del gran fuego ardiente.
Una gota en la que el océano mismo habita.
El Yo proveniente del Uno
que en el Uno vuelve y se anida.
Realidad existencial que sin ser materia pesa
como el universo mismo.
Un micro al macro conectado.
El Todo representado.
La gran obra del artesano.
Esa soy,
la presencia que se esconde en mi silencio.

LA NADA

Eres pues, el ser que no es
de donde bullen las creaciones más excelsas.

¡Oh nada! Plebeyez del todo.

Vagabunda de la noche y de la oscuridad
que mendigas entre la nieve humana que te sepulta.

De inexistencia eterno-viviente,
Indeleble, imperceptible, oculta,

Misteriosa y pública,
como luciérnaga en su pestañeo de luces
que esta y no está.

Dualidad del todo el cual usa como muleta
para poder existir por sí misma.

Oh nada,

que profunda y vacía eres

Túnel laberintico sin principio ni fin.

Eres el infinito.

El todo que ocupa un lugar en el espacio.

Materia del universo

que se oculta en todas partes

sin alterar el ritmo normal del mundo.

NADA MATERIALISTA

Me encuentro en el Rincón de la nada materialista,
donde lo que perece ser no es más que el ser.
Lugar donde la gente no puede ser nadie,
y el valor del alma no es pesado en quilates.

El verdadero ser tiene el ego a prueba
y está acorralado por la danza de la conciencia
dejando el fondo invisible de la ignorancia
donde la ordinaria oscuridad sega.

Lo que parece ser está en crisis
No hay para más,
y mas es la palabra del ego.

No hay posesiones ni posiciones,
pero la llama viviente eternamente arde,
llena los rincones, sacia el hambre

dando una sensación de plenitud
que el oro no compra.

Vacio material que llena el espíritu
donde son repatriados lo existencial y lo eterno,
que… mata y fortalece.

¡Oh! ajeno rincón de la nada materialista
que como buen maestro enseñas
una purificante visión de los días
Y como tempano de hielo te derrites
en el cálido océano de la conciencia.
En el despertar a la ignorancia de la materia.

MIEDO

Miserable la vida que vive del miedo.

Veneno fastuoso que respiramos
En la jungla humana llamada tierra.

Miedo que se recrea del alma
y se alimenta por los sentidos.
Invaluable enemigo de la conciencia
quien la agita solo para mortificarla.

Con su flagrante figura
Pasma y desconecta
Disminuye y acorrala
condena a lo palpable y limita.

Miedo,
de finito ropaje que muere con la materia.

Invita a coexistir con lo ya muerto,
a respirar en ansiedad por lo que viene
y a desentender las dadivas que hoy tienes.

La brevedad existencial te condena
padre de la oscuridad y la queja

Causa del efecto.
Enemigo de la luz.
Karma de la raza humana.

Acorrala la evolución y la retrasa.
Pero no eres perpetuo miedo,
Eres imperecedero.

II

Miedo que borras horizontes y creas fronteras.
Que encadenas los deseos y esfumas los sueños.

Que quieres hacer la paz y creas la guerra.

Que haces dudar mi fe y me alejas del milagro.

Que adormeces mis latidos y enfermas mi cuerpo.

Que desarmonizas mi espíritu y me desconectas de la grandeza.

Que me quitas la paz y me haces malvado.

Que entorpeces mis pisadas y haces temblar mis manos.

Que me haces sensible y me acercas a la elegía.

Miedo que me haces sensible y me acercas a la queja.

Miedo que me quitas el sueño y aletargas mi vigilia.

Miedo que motivas mis reacciones y me haces más humano.

III

Miedo al miedo.

Miedo a ser y a hacer.

Miedo al alfa y a la omega.

Miedo a nacer y a la muerte.

Miedo a vivir como muertos.

Miedo a la oscuridad y a la ignorancia.

A padecer, a sufrir, a perder.

Miedo a la desesperanza y a la incapacidad.

Miedo a tener miedo.

Miedo que nos adopta y como batería nos mueve

como fuerza que impulsa a la lucha,

esa que nos hace humanos.

Miedo, madre de la rutina,

que mecaniza nuestra vida,

estresa y achica nuestra conciencia.

Miedo que nos hace creer

que no somos suficiente

que nos hace amantes del materialismo

el que promete hacernos resistentes;

lo que añade al miedo a morir,

el miedo a perder lo pudiente.

Miedo humano que nos ata a la idea
de que somos tan solo lo que podemos ver,
esa vacua ilusión material, que son átomos
en ignorancia a la espiritual esencia del ser.

MUERTE

¿Y los cimientos que no florecieron?

¿Y la semilla que fue sembrada entre rocas?

¿Y la perla que fue echada a los cerdos?

¿Y el te amo que nunca fue dicho?

¿Y el sueño que nunca dejo de ser un sueño?

¿Y la oportunidad que fue dejada perdida?

¿Y el daño sin arrepentimiento?

El dolor y la espina. ¿Y esta queja eterna?

La noche que jamás llegara a ser día.

¿Y la cruz que a la espalda pesa?

¿Y la otra mejilla que nunca fue puesta?

¿Y el llanto por nosotros provocado?

¿Y el arcoíris que nunca disfrutamos?

¿Y la alegría que nunca motivamos?

¿Y nuestro reflejo nunca visto al espejo?

Y ahora la muerte. Nuestro tiempo en receso.

En fin. El fin. Qué vida mal vivida.

CAMINANTES

Nos deslizamos descalzos en travesía por el tiempo,

sobre un cóncavo camino que no toca el horizonte,

con aquello que ya ha muerto cabalgando a nuestra espalda,

y el nublado devenir ausente colgado de nuestro cuello.

Vagamos sin reposo en la oquedad de nuestra tierra

con meditabundos ojos tragados por la distancia,

cegados por ilusorias creencias y volátiles quimeras.

Deambulamos en suplicio y lamentamos olas muertas.

Languidecemos en espera de aquellas que aún no llegan.

Es que inmovilizados estamos en el sonambulismo de la

materia.

Dormidos vivimos

en la esclavizadora hipnosis de los sentidos,

atrapados entre los límites
de la jungla humana llamada tierra.

Ayer es recuerdo que hala y retiene,
sujeta y sumerge, condena y dilata.
Inmoviliza el ser con los códigos de la insípida nada.

Mañana es delirio que atemoriza y controla,
embelesa y esclaviza, amenaza y subyuga,
guiando los pasos a la prosecución de otras pisadas.

Cada aliento es una vida.
Cada retoño un sendero.
Cada segundo que pasa,
cada pestañar, cada pensamiento,
es nuestro heredado tesoro,
único bien que poseemos.

CAMINANTE

Después de tanto andar
en el laberinto que la vida,
en busca falsos tesoros.
Ya con metas alcanzadas
y con todo aquello a desear.

Ahogado por la rutina,
y con ganas de escapar.
Con sus mejillas mojadas
y un sabor a esclavitud en su mirada.

Cayo derrumbado por vez primera
por el peso de la nada
y desde la dura talvia,
contemplo rebosante la grandeza
en el glorioso jardín de luciérnagas.

Se soñó ave en libertad.

Pez con todo el océano como hogar.

Sacudió de sus pies el grillete del tiempo.

Se vio con todo el universo como hogar.

En una parada el caminante perdido

aprendió la respuesta de existir y encontró su camino.

No más pasos detrás del futuro,

ahora reconoce el presente como amigo

entiende que, aunque ha vivido

pero que aun así no ha sido

que fue todo tiempo perdido.

y está decidido a empezar.

EL SER

Si el ser es y somos el ser, somos lo opuesto a la nada.

Si el ser es y eso somos se entiende que estamos vivos.

Si el ser es absoluto, ¿Porque somos relativos?

Si somos el ser y es intangible, ¿Qué es esta carne visible?

Si el ser es y es perfecto, ¿Dónde está el defecto?

Si somos el ser y es eterno, ¿Por qué en vida muero?

Si el ser es y es inmutable, ¿Qué en mi es transformable?

Sera que el ser que soy no es aun en mi

Sera que soy lo que no soy... el arlequín.

Sera que lo que soy, no es lo que debo ser.

Será que lo que soy es el problema.

Ser o no ser... He ahí el dilema.

VERSOS VERDES
(Inspiración)

"El arte nos hipnotiza y nos crea,

nos destruye y atomiza

une nuestras piezas y nos recrea"

POETIZA

Mujer de soledades. Marinera de silencios
Vagabunda que busca hambrienta
el hambre que quiere saciar.

Camina con sed de luces entre páginas y tinta
dando vida a todo aquello que a su imaginación Incita.

Enluta o hace Magenta sus palpitares,
encarcela sus sentidos apaciguando su embarcación,
sucumbiendo su pecho e hinchando su alma,
fermentando todo y embriagándolo,
hasta que sale del útero y nace la esperada,
que puede ser noche, que puede ser luz.

Se deja penetrar por la tristeza,
se apodera de la soledad y se hace su cierva,
hace arder los sueños y de sus cenizas crea realidad.

Entra en los corazones sin tocar a sus puertas.

Hace de sus palabras melodiosa música,

y crea de un beso la esencia del mundo.

Guerrera que lleva el lápiz como espada en la mano derecha,

y en la izquierda sueños que ha tejido,

que son rocío con brillo de estrellas,

los que esparce entre la humanidad,

alterando sus pechos,

haciéndolos locos y ebrios de ensueños.

Es cactus en el desierto

que guarda celosamente agua entre espinas.

agua que sacia,

espinas que entierra hasta hacer sangrar.

Es la luna clara, lejana e invisible que da luz,

aclarando los penumbrosos rincones

o haciéndolos más densos y opacos.

Creadora del molino

con el que como monstruo lucha el Quijote.

Moradora en el olimpo donde habitan los dioses.

Es la nieve blanca y la llama candente tricolor

que hace arder los mares y como astro los hace renacer.

Es la gran navegante que sobrevive al tormentoso clima.

Es el héroe y es la víctima. Es la espada y el arado.

Y su obra, sus letras… son su historia, su vida.

MUSA

Algo pasa volando, no sé si lo vi,
no sé si lo palpé, no sé si lo sentí,
pero con éllo se fueron mis ojos inconscientemente,
se dislocaron mis sentidos
y escuche la música del arpa
que desato las riendas al numen.

Con la fugaz hermosura de un pestañeo
recorrió entonces el camino de los valles desolados,
los regó con rocío de luna creciente
y comenzaron a florecer.

Yo despoblada, desértica, vi algo pasar
que hizo de aquel mi agreste camino
desfiladeros de tórridos paisajes.
Una paz amarillenta suplicaba pálida
el germen de luces que hacia ebria mi palabra,

y se hizo brío,
se fundió desnuda entre llamas,
entre relojes.

Pasaba volando, pasaba;
hasta que se pulió y ahora habla, palpa,
diseña letras versadas que hacen danzar mi pluma
y que se dibujan y bailan sobre el blanco.

II

Musa, debes de ser mujer
Ya que eres madre de todo arte
Engatusas hasta que robas la atención de los hombres.
Seduces hasta hacerlos olvidar sus nombres.
Los embelesas y los embriagas
sumergiéndolos en un trance que enamora,
que esclaviza, pero deleita.

Apagando el interruptor del tiempo

Haciendo correr la vida en un presente perfecto.

Creativo, mágico, único que nunca se hace pretérito.

Aunque fecundas, también gestas y alumbras

De ti nace todo lo creado. Eres la madre del mundo.

Eres bella, glamorosa. Todos de ti se enamoran

Eres adictiva sin intención de corromper.

Musa, eres mujer.

SOY

Soy la oropéndola
que recorre triste la orla en la playa
mojada por el fresco roció de la sal.

Soy el llanto que quiere, parece y es risa
ingenua, humilde, maternal.
Yo, tierna niña, joven, quizás vieja.

Soy porque al ser me convierto en esencia pura,
que sin fluidez y con entusiasmo
se acerca hasta el enigma de la vida,
y lo descubre, lo desnuda, lo deshace,
y lo vierte en letras parlantes
que se sumergen en blanco papel.

Soy porque quiero ser,
y seré porque confío.

Henchida de risas y canto,
henchida de llanto y dolor.
cultivando la gravidez de la tierra
con mis manos bajo el sol.

Soy porque me siento ser,
callada y ardiente,
y callo porque en silencio sueño,
vuelo, domino mi propio mundo.
Ardo porque fuego recibo,
y el fuego revive, el fuego realza y transforma.

Soy la sed y el sediento
soy el agua y el saciado.
Soy la voz del silencio que clama vida.
Soy la lágrima dulce que se confunde en la llovizna.

SOY II

Escribo, y de la mano tomo mis sueños
los conduzco a lo real,
sueños que tengo en palabras
en el que obtengo verdad.

Tengo un arma, mi pluma
que pone la luz en la sombra
o lleva la sombra a tu hogar.
Llenando el pantano espeso de los sentires.

Como ave mi mano
sobre las blancas nubes,
dibujando la aureola
que hace virgen mi latir.

Soy la voz timbrante
que clama en el desierto

un manantial de agua
un árbol bajo el sol.

Soy el sol candente
que quiere alumbrar
bajo el cielo oscuro
y encima del mar.

MUJER

Cariñosa trovadora que abrasa la luna.
¿Cuáles secretos esconden tus curvas
Y ese corazón tan grande
que abarca la profundidad del universo?

¿Como puedes a la vez, ser el sol que calienta
y la sombra que cobija?
Ser la mano que cosecha y también la que acaricia.
Ser la calma en la tormenta también la tormenta misma.

Como puedes ser la mina, ser el minero y el oro.
Ser semilla que germina ser la tierra y el abono.
Ser el árbol que da fruto y el fruto que da retoños.

Madre del mundo.
Mujer hacedora de todos.
Amas, suenas, aspiras, vives.

Amas, trabajas, te esfuerzas, ríes.

Amas, arrullas, proteges, cuidas.

Amamantas y das vida.

Dadivosa que no recibe dádivas.

Mujer proveedora de vida.

Amas, sufres, lloras, te irritas.

Amas, besas, te entregas, coligas.

Amas, cantas, te alegras, ríes.

Compartes, te excitas.

Cuello que sostiene la cabeza masculina.

la que a su antojo mueve,

la controla y la domina.

Sexo débil que carga el mundo entre sus brazos.

Costilla mágica creadora de hombres.

VERSOS AZULES
(Patrios)

"Allá en el tope te tengo como la patria ideal,

en el centro, aquí dentro en mi pecho vos te alzas

por ti indómita y brava, la bella, la altiva,

mi palma en mi pecho y mi frente erguida"

QUISQUEYA

¿Sabes cual es Quisqueya? "la bella"
de padre blanco y madre negra,
con algo de indígena en su madeja.
La mestiza, la doncella.

¿Sabes cuál es aquella
que se mira tan pequeña
con sus vestidos celestes
de tibia y blancas arenas?

Es aquella la morena
con diez millones de hijos,
una sonrisa en su rostro
y un pasado a olvidar.

La que es digna de admirar
por su asentó peculiar

un incomparable aroma
y su alegría singular.

De corazón liberal,
de sentimientos sensible,
de alma sencilla y humilde
y una gran sonrisa al mar.

El terruño que se ama.
La media isla antillana,
una tierra de alegrías.
República Dominicana.

Y es que si no lo sabias
Quisqueya es la patria mía
la que adoro con el alma
y con fiel melancolía.

LIBRE O MORIR

Cuantas luchas han pasado
que el presente ha olvidado.
Nuestros héroes han peleado
Por el antillano sol.

¡Libertad! Fuerte gritaron
desatándonos del yugo
de aquellos que cual verdugos
mataban nuestro legado.

Libertad y remembranza pueblo justo
¡Salve!
De nuestro esfuerzo nuestro fruto.

Han tratado vanamente
españoles y franceses,
así holandeses e ingleses

americanos y haitianos
De sisarnos nuestro gozo.
Y los ignorantes Caudillos
Lilis y el chivo Trujillo
Intentaron sin reparo
malograr nuestro estribillo.

Libertad y remembranza pueblo justo
¡Salve!
De nuestro esfuerzo nuestro fruto.

Nuestra historia es turbulenta
llena de intrusos bribones
que con ambición y acciones
golpearon nuestra nación.
Hoy los nuevos invasores
no hacen presencia en la casa
pero adeudan nuestra patria
y se hacen dueños de favores.

Libertad y remembranza pueblo justo
¡Salve!
De nuestro esfuerzo nuestro fruto.

Sangres valientes derramaron
en honor a nuestra patria servil
recuerda Republica Dominicana
siempre "Ser libre o morir".

IDENTIDAD

Conozcamos nuestra estirpe
pueblecito bien amado,
que sin decoro y descaro
han tratado malograr.

Tergiversaron la historia
y compraron nuestras almas
nuestra herencia, nuestra mente
memorias e identidad.

No recordamos que somos,
no nos han dicho que fuimos,
hacia donde caminamos
y desde donde venimos.

Han cambiado nuestra madre
que no fue blanca, fue negra;

que no fue astuta, fue ingenua;
no fue opresor sino esclava.

Raíces ocultas se encubren
con la evidencia al espejo
y una verdad ignorada
clavada en el entrecejo.

Y no vemos desde adentro
nuestra identidad oscura,
donde en ecos negros cantan
el canto de la blancura.

Nuestra madre verdadera
fue victima, cautiva, esclava,
fue traída aquí a la fuerza;
abusada, encadenada.

No mato a tu padre indígena
y te hizo a la fuerza adoptada.
No arraso con tus tesoros
y te abandono violada.

Madre es África olvidada
de maternidad negada,
patentado en nuestros rasgos
¿Crees a España madre patria?

¿Dónde está tu piel de leche
tu pelo dorado esmeralda
Tus ojos color de prado.
¿Lo oculto la rojigualda?

Despierta, despierta tierra adormecida
acuna tus raíces de tambor y espigas.

HOMBRE MEDIOCRE

Jose ingenieros
Defensor de las virtudes y principios
quien dice que el hombre mediocre,
es aquel hombre de vicios.

No cree en hombres que se llamen honestos.
La mediocridad es su defecto.

No cree en hombres que se llamen moralistas.
El fanatismo domesticado los avista.

Mas cree en hombres que de virtudes se visten
cuya ética personal persiste.

Cree que el hombre mediocre ignora
las virtudes de los virtuosos,
por la servitud de leyes y dogmas

de moralistas facciosos

que además de ser viciosos,

son manipuladores manipulados,

por una honestidad curtida

que nos mantiene atrasados.

Cree que el hombre mediocre sin sueños

es un parodiador de hombres virtuosos.

Marioneta de relatos sosos

que escuchan, creen y repiten

que leen, fanatizan e infligen,

desenchufando originalidad,

despilfarrando innovación,

matando creatividad,

en favor de una compleja moralidad

que cree absoluta y es relativa.

Ya que no a todos aplica.

Pobres los hombres virtuosos
que llenos de ciencia, hoy en día
buscan la perfección ideal
y soluciones porfías.

Revolucionarios rebeldes,
héroes que aun sin capa volarían
con palabra, honor y ética,
valores, virtudes y osadía.

Pobres los hombres virtuosos
perseguidos por mediocres
que borrachos de honestidad y prejuicios
y en pos de moralidades longevas,
dogmas, leyes e ideas viejas,
aniquilan la individualidad prodigiosa
que solo a virtuosos corteja.

¿Es el hombre honesto mediocre?

¿Tendrá razón Ingenieros?

¿Son los virtuosos aquellos

que con ética y empeño

Sentido común y sueños

impulsan el crecimiento?

¿Qué de las buenas intenciones

de los honestos morales,

que creen, con sus razones

que las leyes y las normas

comunes y tradiciones

nos traerán las soluciones?

Estas son mis expresiones

inspiradas por teorías

del gran pensador Jose Ingenieros,

y de su filosofía.

(Gracias a mi prima Janelis Mota por inspirar este poema)

VERSOS NEGROS

(Orígenes)

"*Mis raíces me someten al ritmo del hablante tambor*

que como llamado de ancestros claman mi nombre en altavoz

Oh orisha Yemayá, madre de toda la raza

Cuida y protege a tus hijos de los males que amenazan"

MAYOMBE

Mayombe[1] , tum tum, Mayombe

hagamos fuego el vellie[2] .

Mayombe, cum cum, ¡Ay ombe![3] .

Marimba[4] a baila otra ve'.

Busquen los palos, la leña.

Mayombe, tum tum, Mayombe.

Vamos a encender el hacho[5]

Mayombe, cum cum, Mayombe.

Encenderé la fogata,

y a baila atabal[6], ¡Ay ombe!

---

[1] vocablo Congo que significa magistrado, jefe o superior, gobernador, denominación o título honorífico.

[2] Zapatos tradicionales africanos hechos de cuero..

[3] Expresión de origen africano que denota un desapego a la situación o a los resultados.

[4] Instrumento de percusión llamado también en África Kalimba.

[5] Sitio elevado cerca de la costa, desde donde se descubre bien el mar y en el cual solían hacerse señales con fuego.

[6] Música de influencia africana conocida en el Caribe y que utiliza tambores.

Oigo el mensaje de Añá.[7]

"Marimba y bongó[8] a baila'."

La rumba[9] sacude el tum-blahh[10]

Mayombe macuito[11] zumba.[12]

En mi cabeza el gelé[13]

Y en mi cuerpo esta la rumba.

Zumba que zumba, zumba.

Macuito baila la rumba.

---

[7] deidad que vive en los tambores batá (conjunto de los tres tambores sagrados) y trasmite el mensaje a Olofi.

[8] Instrumento que incluye dos tambores gemelos.

[9] Ritmo musical de raíz africana.

[10] Cristal pesado.

[11] Hombre moreno.

[12] Hacer ruido con la boca.

[13] Tela que se envuelven las mujeres africanas en su cabeza.

NEGRO

Son mis cinco letras
la macula[14] que llevo puesta
soy del bongo[15] y del barro
porque soy macuito[16],
porque soy iroko[17].

Chekeré[18], bongo[19], marimba[20]
todo es awo[21] y es ceniza.

La tierra me nombra su labrador.
de la oscuridad soy babalawo[22] .

---

[14] Estigma, marca, mancha, distintivo.
[15] Instrumento de origen africano que incluye dos tambores gemelos.
[16] Hombre moreno.
[17] Árbol sagrado para los yoruba, los cuales reconocieron en la ceiba su equivalente. Es considerado la mansión de todos los dioses.
[18] Instrumento de origen africano. Es una calabaza grande ahuecada y recubierta por una red tejida con semillas. El sonido se obtiene al sacudirlo.
[19] Instrumento que incluye dos tambores gemelos.
[20] Instrumento de percusión africano llamado también en África Kalimba
[21] Secreto, Misterio.

Disque nací de la Ilé ifé[23]

Donde se enterró mi Iyaré[24]

que fue regada por la lluvia

y como Omo[25] del mundo brote.

Chekeré, bongo, marimba,

Todo es awo y es ceniza.

---

[22] Sacerdote de Ifá encargado de interpretar y descifrar este complejo sistema adivinatorio.

[23]Ciudad sagrada para los yoruba donde reside el Oní, máxima autoridad religiosa.

[24] Madre en la lengua.

[25] Hijo en la lengua yoruba.

TRAS DE LA OREJA

Español, orgullo que nos ampara.
Africana herencia que nos aqueja,
pues vivimos en sueños blancos
y escondiendo el negro tras de la oreja.

Esclavos de falsas creencias
de nubes paseantes entre las rejas.
Con la utopía del descubrimiento
y ocultando el negro tras de la oreja.

Indio extinto, negro negado,
 blanco casado sin ser pareja.
La sangre fuerte del afro oculto
aflora desde atrás de la oreja.

No verdes ojos, ni pelos de oro,
españoles de herencia compleja.

Mulatos, crespos y oscuros ojos,
con mucho negro en nuestra esfera.

Nutriendo una ilusión sin trascendencia
de un ideal trujillista que refleja
la ignorancia adoctrinada que nos miente,
pues el negro está también entre las cejas.

Quitemos de una vez de nuestro pelo
el velo gris que nos deshójela,
y que nos pinta como incapaces
de remover nuestras orejeras.

Solo de África procede el negro
y en nuestra genética se refleja.
Su tambor, su música y folklore
Nos hacen zumbar como la abeja.

De españoles genes tenemos,
sazón importante en nuestra salsa,
no es el que da el sabor a "caribeño"
pero le dio el "mulato" a nuestra raza.

España entro con sangre a nuestra casa,
nuestros tesoros robo cual comadreja,
y se quedó clavado en nuestra espalda
mudando al negro tras de la oreja.

Algunos de nosotros quisqueyanos
con la asnada inopia
de cocos lavados y en la inepcia,
con la utopía ridícula
de ser solo españoles por descendencia.

Los mismo que ordeñaron nuestra historia
deshilacharon nuestra indígena madeja

y a fuerza de sangre y cuchillo
relegaron el negro a vivir tras la oreja.

Despertemos quisqueyanos
de esa absurda fantasía vieja
Pues lo afro está en lo dominicano
delante y detrás de la oreja.

ESE {Eché}

Olorun[26] tú que eres vida
me hiciste aremú[27] de la creación,
aleja a Ikú[28] de mi guarida
dame larga vida y salvación.

¡Ese![29] Olorun, ¡ese!
Mojuba[30] a ti porque me diste vida.
Mojuba a ti, porque te diste a mí.

Me hiciste a tu imagen
¡Oh! Baba[31] o Iyaré-mi[32]
Yo que soy tu omó[33] tu omokekere[34]

---

[26] Nombre utilizado en Yoruba para designar a Dios.
[27] (are) Elogio a la grandeza de conocimientos (mú) que tenía Odudúwà. Príncipe o denominación que se le da al primogénito de Alafin, (rey de reyes) por lo que significa también príncipe heredero.
[28] Muerte en lengua yoruba.
[29] Gracias en lengua yoruba.
[30] Rezo, invocación, saludo, alabanza, petición.
[31] Papa en yoruba.
[32] Madre mía en yoruba.

en mi resides, siempre latente.

¡Oh! Olorun, esé.

HAITÍ

Bajo el sol negro salpica
la danza del más sufrido,
la raza que no se liga
por ser ya color genuino.

Aunque sea roja su sangre,
E intensa como carmesí,
ese sol negro está solo.
Nuestra pobre hermana Haití.

Queriendo huir de la pobreza
inmola su fe y su orgullo,
saciando su sed hambrienta.
Bebiendo de un río turbio.

Ríe, baila, canta y gime,
nuestra vecina servil
que danza con pies desnudos
el atabal del sufrir.

Todos huyen tierra infausta
del milenario martirio.
Es su patria una musa
y su riqueza un delirio.

Huérfana hermana negra
de amaneceres tempranos.
Oigo el lloro de tu gente
y el dolor de mis hermanos.

Extirparon de tu tierra
la sonrisa y el vivir.
Tan fuerte, alegre y sufrida,
así es nuestra hermana Haití.

Si disfrutaste del libro y te gusto o olvides
Dejar tu comentario/Review
En Amazon, eso nos ayuda a llegar a un mayor público.

Conoce a la autora:
www.mariaadukealabi.com
Instagram y Twitter @MariaAduke
Facebook, Pinterest y YouTube
@MariaAdukeAlabi

Conoce a la publicitaria:
www.quisqueyanapress.com
Facebook, Instagram y Pinterest
@QuisqueyanaPress

No olvides suscribirte en nuestra lista de email
para asi mantenerte al tanto de nuestras nuevas
publicaciones, rifas y actividades.

Escucha gratis este y otros libros de poesía en nuestro **Podcast**:
El Desván de los Sentires – Temporada 1 **"Voz de la Nostalgia"**
Temporada 2 **"Versos en Matices"**
En Spotify, Apple Music o tu sitio de Podcast favorito
https://anchor.fm/maria-aduke-alabi